# 仏壇のはなし

谷口《たにぐち》幸璽《こうじ》［著］

法藏館

目次

各宗派の仏壇とおかざり……56

# 仏壇のはなし

# お仏壇のこころ

## お仏壇は仏さまの浄土

宗教とは何でしょう。寺院や教会に通って、神さまや仏さまを拝むことでしょうか？いいえ、神仏の御心に添うような日々の生活を実践すること、それが宗教です。大切なのは、いかに生きるかです。

お仏壇の前で合掌礼拝することによって、仏さまの心と解けあうこと。それを朝夕、繰り返すことによって、知らず知らずのうちに日々の生活の中に仏さまの心が染み込んでいき、本当の自由、幸福な生活に導かれていくことになるのです。

私と仏さまが一つになる、これが此岸《しがん》が彼岸《ひがん》になること。彼岸とは浄土のことです。お仏壇は仏さまの浄土です。私たちの人生を、より向上させて浄土のようにしよう、その理想に向う姿が、日々の生活です。

私の心を仏さまと一つにすれば、そこに浄土は顕現します。

「浄土を得んと欲せば、まさにその心を浄むべし」

というのは『維摩経《ゆいまぎょう》』の言葉です。人生即浄土が、仏教の目指すところです。大切なことは、ご本尊の心をいただき、日々を強く明るく生き抜くことです。

拝むというのは、仏さまに対して心を向けるということです。仏さまから離れることなく、遠ざかることのないようにすれば、それでよいのです。なによりも、仏さまを忘れない心がけこそ肝要なのです。

私たちは仏前でのみ仏さまを思い出し、拝んだ後は、すぐに仏さまのことを忘れてしまうので、ちっとも安心できないのです。いつも仏さまを思い出し、気づいたら拝み、気づいたら拝むようにしてください。

# お仏壇は心の洗濯機

お仏壇を修復することを「お洗濯」と言いますが、八万四千と言われる煩悩《ぼんのう》に汚れた私たちの心を、洗濯するところがお仏壇です。

服を着ていると、汚れます。下着には、垢がつきます。洗濯をして、また着ます。洗濯物は、貯め込めば、洗うにも乾かすにも大変です。すぐに洗えば取れる汚れも、そのままにしておくと、こびりついてしまいます。

それと同じように、日々生きていると心の中にも、いろいろな垢がつきます。垢とは、執着と未練です。毎日毎日、洗っても洗っても、またしてもまたしても汚れやすいのが、この心です。その心に積もる塵や垢は、どこで洗われますか？

お寺にお参りすると、お寺が私たちの心をきれいに洗濯してくださるのです。念仏や題目、真言の数々は洗剤、灰汁《あく》とシャボンのようなものです。そして「ありがたい、もったいない」という感謝と懺悔、忍耐という水で洗い清めているのです。そうすれば、

お仏壇は仏さまの浄土を顕わしたもの

光明は輝きます。光明とは慈悲です。そうして、心をきれいにして帰っていく。だから、お寺へ参ると気持ちがいいのです。

しかし、家に帰って玄関を一歩入ったとたんに、また垢がつき始めます。家の中の心の洗濯機、それが仏壇です。我が家のお寺が、お仏壇なのです。

お仏壇の前で朝夕、自らの心を洗い浄めて清らかにしていると、家の中も清潔になり、揉め事も少なくなって、和《なご》やかな家庭を築くことができるのです。

ちょっとした言葉のやりとりの違いで、争いが生まれます。気分のすれ違い、感情のもつれから喧嘩になります。歩み寄る心が大切です。和顔愛語《わげんあいご》、和《なご》やかな顔に愛のこもった言葉。日常生活の中で、たとえば「ただいま」と帰ってきた夫を、「お帰りなさい、お疲れさまでした」と迎える言葉、これも夫の心を洗い浄める洗剤、経文なのです。人は言葉によって傷つきます。皆、暖かい優しい言葉を待っているのです。

## お仏壇はいのちを祀るところ

「遠い先祖は神棚に、身近な先祖は仏さまとして、お仏壇にお給仕《きゅうじ》する」とは、薬師寺の高田好胤管長の教えでしたが、脈々と続く「いのち」を祀っているのが、お仏壇です。

仏さまやご先祖さまは、目には見えません。しかし、いつも見守ってくださっている、日々一緒に暮らしているという感覚が、日本人にはあります。お仏壇は、いつもご先祖さまがご覧になっている、仏さまが見守ってくださっているという情操教育を育《はぐく》む場であり、感謝と懺悔の心を培《つちか》う家庭教育の礎《いしずえ》となる場です。自分勝手な願い事をするのではない、ただ素直に真剣に、お仏壇の前で手を合わせる親の後ろ姿は、必ず子供の心に良い影響を与えます。合掌の姿ほど美しいものはないからです。

仏壇は、拝む人の心を映す鏡と言われます。お仏壇の前では、服装を正し、姿勢を正し、乱暴な言葉を慎みます。それが、子供の躾につながります。家族そろって仏壇に手を合わせる習慣は、麗《うるわ》しい日本の風習です。

昔、ある家では、仏壇のところに穴のあいた竹を掛け、その穴に子供たちの箸を挿しこんでいたそうです。子供たちは食事のときに必ず、箸を取りに仏壇の前に行かなければならないわけです。

箸とらば仏や親の恩を知れ　我が一力《いちりき》で食うと思うな

という歌のように、日々食事ができるのも、仏さまとご先祖さまのお蔭ですという、天地の恵みに感謝する躾をしたのです。

当然、食卓の一皿一皿の品々も、数多くの人々のお蔭によるものと教えたことでしょう。一皿の肴《さかな》、一椀の御飯、そこに一切衆生の恩がある。吸うがままの空気、浴びるがままの太陽、そこに天地の恩がある。そのご恩を思えば、「ああ、もったいない、かたじけない」と、手を合わさないではいられない。その心がすべてのものを生かし、自己を培《つちか》います。

家庭で食事をするときに、皆で合掌して「いただきます」「ごちそうさま」と唱えることは、楽しい家庭、明るい社会を築く基礎になるのです。

## お仏壇は真理に合掌する場

インド人の挨拶は、合掌しながら「ナマステー」と言って、お互いに相手を敬います。ナマスは「敬礼する」、テーは「あなたに」という意味だそうです。「南無」という言葉は、この「ナマステー」から来たもので、お坊さんがお経を読むときに唱える枕詞ではありません。南無とは「おまかせします」ということで、仏さまを愛し信頼することです。それは合掌、拝むことです。合掌の姿勢をとれば、その両手は自他を害するものとはなりません。

己我無《おがむ》と字を当てる人がいるように、己の我という小賢しさを無くして「衆生本来仏なり」（白隠《はくいん》禅師の『坐禅和讃』第一句）の確信を得るには、拝むこと、ハイ（拝）という素直な心になること、すなわち合掌することが近道です。

右ほとけ左は我と合わす手の　中ぞ床しき南無の一声

右手は仏さま、左手は私たち。ですから合掌は、仏さまと私が一つになり、心と心を通い合わせることになります。お仏壇の前で両手を合わせることによって、仏は我れにあり、我れに仏ありとの安心を得ることができるのです。

合掌は、貪欲《とんよく》（むさぼり）・瞋恚《しんに》（はらだち）・愚痴《ぐち》（おろかさ）の凡夫《ぼんぷ》を、仏の世界へと導きます。自らの心を洗い浄め、また他の人々の心をも洗い浄める姿です。合掌することは、わが心の殿堂の中へ、御仏《みほとけ》を迎え入れることになります。各自の家庭を平和な極楽浄土にする合掌の生活こそ、仏教の到達点でもあります。

亡くなったとき、「曹洞禅《そうとうぜん》の星落つ」「現代の良寛逝《ゆ》く」と書かれた、合掌と笑顔の老師だった清水浩龍和尚（一八八四〜一九七五。金沢市の大乗寺住職）は、

「お釈迦さまのお経は八万四千といいますが、これを絞っていきますと、手を合わせる

ところへゆくのです。合掌することは、一切のお経を体で読んでいるようなものです。銘々が明るい心、きれいな心、正しい心、仲良くしようという心を拝み起こしていますと、ごく楽しいので極楽というのです」（『禅―仏法暮らし』後楽出版）と語っています。

## お仏壇は自分自身と向き合う浄域

お寺へ参ったら、まずご本尊に挨拶をするように、家庭でも一日一度は仏さまに、お仏壇に向き合いたいものです。それは人生について、自分自身に対して真摯に向き合うことでもあります。馬に鞍を掛け鞭打つように、自分の心に鞭を当てるような真剣さで、臨みたいものです。

仏壇に向かっても、私たちは「お金が儲かりますように」とか「病気がよくなりますように」などと、勝手な願い事を口にしがちですが、そうではなくご本尊と同じ、清らかな心になるために、ただただ純真な心になって合掌礼拝するのです。そうすると、仏

仏さまに心を向けた生活を

さまの慈悲に融けこむことによって、偉大な働きが現れるものです。

仏さまには、無限の力があります。「仏さまが一緒だ」と思ったら、心が豊かになって、苦しいことも乗り越えることができるのです。仏さまは、どこにいらっしゃるのか？　皆さんの中にいるのです。皆さんの生命そのものが仏さまなのです。自分だけで苦しんでいるのではない、仏さまも頑張ってくださっているのです。そう思って、どうか元気をなくさないでください。

仏教に同事という言葉があります。この言葉は、共に悲しみ苦しみを我がことのように考えることです。仏さまも同じ目線で、その人に一番いい方法を一緒に考えてくれている。そして、いい智恵を自然に与えてくれるのです。

浄土真宗ではご本尊、阿弥陀如来のことを「御真向き様《おまむきさま》」と呼びます。私と差し向かいの仏さま、いつも私の前へ前へと立ち向かってくださる仏さま。いつも阿弥陀さまに、真向かいながら生きているのです。今日は忙しいからと、首だけ仏壇のほうを向けて「南無阿弥陀仏」とやっていたのでは、真向かうことにはなりません。

私たちは朝夕、仏壇に手を合わせてはいても、いつしか仏さまのことを忘れてしまうものです。いつも仏さまに、顔は向けなくても心を向けていてください。心を向けると書いて心向＝信仰、どうぞ進行方向を間違えないように。何事も仏さまと共に歩み、仏さまと共に暮らせば、それによって心の自由は得られるのです。

## お仏壇は心の拠り所

朝《あした》に礼拝、夕《ゆうべ》に感謝。キリスト教、イスラム教、仏教など、さまざまな道がありますが、辿り着くところには「感謝」があります。ご先祖さまへの思慕、天地自然の恵み、すべてのことに感謝を捧げるのです。

お仏壇は、安らかに日々を過ごす「心の拠り所」です。仏壇があっても、その前を素通りでは意味がありません。私たちの朝御飯を炊いたついでのお仏飯《ぶっぱん》では、ご本尊は体裁のよい居候になってしまいます。

ご本尊は、ただの掛軸ではありません。私の大切なご本尊さまです。座敷に坐す仏壇は、家の道具ではありません。私を救ってくださる御仏《みほとけ》なのです。

昔の日本人は、朝起きたなら洗面を済ませて、神棚を拝み、仏壇に向かってご本尊とご先祖に礼拝して、灯明を点《とも》し香を捧げ、余裕があれば、お経なり文章を読誦《どくじゅ》していました。

お経を読む時間のないときには、合掌礼拝し、浄土真宗なら「南無阿弥陀仏」の念仏を、日蓮宗なら「南無妙法蓮華経」の題目を、真言宗なら「南無大師遍照金剛《なむだいしへんじょうこんごう》」の宝号、もしくは光明真言を唱えます。天台宗や禅宗などでは『般若心経』や『十句観音経』が、よく唱えられます。

お経を読誦すると、心が安らいで清々しい気分になります。お経をあげることは、ご本尊と一心に、一つの心になるための方法です。お経は、お釈迦さまの説法です。「早く芽を出せ、起きなさい」という仏さまの呼び声でもあります。

正式には、ご本尊には五体投地の礼拝を三回してから読経するのですが、細かな作法よりも、仏壇の前に坐る時を増やすことです。お仏壇の扉を開いて、ご本尊を拝んでください。仏さまの光明に照らされて、ご本尊の心と融合するよう、イメージしてください。

# 仏壇の歴史と種類

## 仏壇の歴史

日本最古の仏壇は、法隆寺の玉虫厨子と言われています。もともと、日本家屋の「床の間」が仏壇の起源でしたが、仏間が設けられるようになってからは、床の間には書画や花が飾られるようになります。

仏壇が祀られるようになったのは、『日本書紀』に、白鳳一四（六八六）年「諸国の家ごとに仏舎を作り」、仏像や経巻を置き、礼拝供養せよという天武天皇の詔勅が出されたことが起源と伝えられています。その詔勅が出された三月二七日は「仏壇の日」になっています。

しかし、庶民に普及したのは江戸時代になってからです。徳川幕府の「宗門改め」、キリシタンではないことを檀家寺が証明する寺請け制度の影響もあるでしょう。キリシタンを禁圧するために作られた戸籍、江戸時代の住民票のような宗旨人別帳によって、檀家制度は確立されます。

## 仏壇の種類

お仏壇には、漆塗りに金箔が装飾された金《きん》仏壇と、木目を活かした重厚な唐木《からき》（木《き》地《じ》）仏壇があります。どちらも高級なものは、百万円を超えます。なお、金箔を施すのは、燦然と輝く仏さまの世界を表しています。また、仏身が金色相《こんじきそう》、金ピカだからでもあります。

上方落語の「菊江仏壇」は、大旦那が帰ってきたので、菊江という芸者を、若旦那が仏壇の中に押し込めるという噺です。船場の商家であった実話を基にしていて、人が隠れられるほど大きくて立派な仏壇が登場します。浄土真宗の盛んな近畿や北陸では、豪華な金仏壇が多く、唐木仏壇は関東以北に多いようです。金仏壇の材質には桧や杉、欅《けやき》

座敷に作りつけられた仕込み仏壇（真宗大谷派）

金仏壇（浄土宗）

唐木仏壇（紫檀製）

が多く、唐木は黒檀・紫檀の他、桑や桜などが使われています。

新型仏壇には、合板やアルミニウム、プラスチックの素材もあります。材質や工法により、価格の違いがあります。

お仏壇には、上置き仏壇と台付き仏壇という区別があります。台付きは、床や畳の上に置きます。簞笥などの上に置く仏壇は当然、小型となりますが、現代では住宅事情や生活様式の変化を考慮して、従来のような仏壇を置くスペースがなくなった都会のニューファミリー用に、ユニークな新製品が考案されています。そして、仏壇の内部もシンプルになっています。

団地サイズのコンパクトなミニ仏壇、場所をとらない壁掛け式、部屋のコーナーを利用した三角型、マンションの洋間にも合うファッショナブルなデザイン、オーディオ・セットと並べても違和感のないもの、書棚や飾り棚を組み合わせたり、家具とセットになったユニット仏壇。さらには単身赴任や海外在住の人向けの、軽くて持ち運びに便利なポータブル型。犬や猫、小鳥といったペット仏壇の需要も増えています。これらはホワイト、ピンク、ブルーと、カラフルです。墓地を買うまで、遺骨を安置できる仏壇も

新型仏壇

開発されています。

さらに、マイコン制御で、触れるだけで照明がつくハイテク仏壇。あるいはニューメディアの波に乗ったビデオ仏壇。これは故人の生前の姿を再生して映像で偲ぼうという趣向で、扉を閉めれば普通のテレビ・ビデオとなる仕組みです。

また家の宗旨とは別に、個人で信仰している神仏がある方も、おられるでしょう。最近では、持ち運びに便利な厨子タイプもありますし、家の仏壇とは別に、マイ仏壇を祀ってはいかがでしょうか。

仏壇の発祥地と言われ、千二百年の歴史がある京仏壇・京仏具を始め、全国各地に仏壇・仏具の生産地があります。

三百年の歴史を持つ飯山《いいやま》仏壇（長野）は、京都の流れを汲み、厚い木を使用するので、目方が重いと言われています。細工が優美で丁寧なのが特徴で、幕末には仏壇彫刻の名人・稲葉喜作が活躍しています。

江戸指物師の技法を活かした東京仏壇。加賀百万石の真宗王国で育ち、細かな彫刻、豪華な金箔と美しい蒔絵の技術を誇る金沢仏壇。秋田、雄勝郡稲川町の川連《かわつら》仏壇は、歴史は新しいですが、川連漆器と、豊かな農村の労働力を背景に進出、実績を積んでいます。

江戸時代、尾張藩のもとで発展した名古屋仏壇は、台の部分が高く、リフォームしながら末永く使い続けること（洗い修繕）ができます。名古屋は、良質な桧材を産出する木曽に近く、中区門前町、橘町の周辺には仏壇・仏具の業者が集まっていて、仏壇街を形成しています。浄土真宗の安芸《あき》門徒に育まれた広島仏壇。広島市にも「仏壇通り」と呼ばれる一画があります。

井伊家三十五万石の城下町で育まれ、高級仏壇の代名詞とも呼ばれる彦根仏壇には、三五〇年の伝統があります。鹿児島県では島津藩主による一向宗の弾圧のため、隠れ念仏によって信仰が伝えられてきたこともあり、八百年の歴史がある川辺《かわなべ》仏壇は小型なのが特徴です。

他にも高級仏壇の産地として、富山の高岡仏壇、あるいは山形・七尾・三河・大阪などがあり、伝統の仏壇には根強い人気があります。

これら手造りの仏壇は、木地、金具、塗り、金箔押しなど、多くの職人の手による分業によって仕上げられる総合芸術品です。蒔絵や螺鈿《らでん》（貝殻細工）、彫刻によって、花や鳥などの図柄が飾られ、職人による熟練の技法によって手間をかけて組み立てられるのです。完成までに数年もかかるという仏壇もあります。さまざまな技術が融合・調和することによって、落ち着いた風格が醸《かも》し出されます。

## 仏壇を購入するとき

仏壇は生涯に一度、買うか買わないかの商品で、まさしく「一生もの」です。大切に使えば、二代・三代と持ちます。

仏壇を新調すると新仏《にいぼとけ》が出るというのは迷信で、そんな心配は無用です。仏壇を買ったから、誰某《だれそれ》が亡くなったのではなく、仏壇を購入してもしなくても、亡くなるときには亡くなるのです。「まだ誰も死んでないのに」などとおっしゃらないでください。親戚縁者に死者を出したことのない家はありません。ご先祖のいない人も、いません。

お仏壇には、確かにご先祖の位牌を祀ったりしますが、決して、亡くなった方を供養するだけのところではありません。刑事ドラマで、殺された被害者を「この仏《ほとけ》さんは……」という台詞がありますが、お仏壇の「仏」とは、死者のことではなく、それぞれの宗派がご本尊と仰ぐ仏さまのことです。仏とは、真理を悟った方であり、私たちを悟りの世界へと導いてくださる方のことです。

仏壇を購入する時期は、結婚や分家によって新居を構えるときのほか、身内に不幸があってから、中陰《ちゅういん》（四十九日、死んで次の世界に往くまでの期間のこと）や一周忌を迎えるときに購入するケースも多いことでしょう。肉親を失ったときこそ、仏縁が結ばれるときです。

ただし、お仏壇の中にご先祖さまがいるわけではありません。いえ、それぞれの仏壇にご先祖さまがいらっしゃると考えていただいても結構でしょう。ですから、兄弟それぞれの家庭に仏壇があっても、一つの家庭に仏壇が二つあっても、ご先祖さまが迷うことはありません。

お仏壇は、いつ買い求めていただいても結構です。仏壇・仏具店にとっては、七月から八月の旧盆にかけては書き入れ時、テパートでも仏壇フェアーや特別セールが始まりますが、お盆・お彼岸、年忌法要の時期にこだわることはありません。宗教に関心のない方でも、五十歳前後になると、親や先祖のことが気になってくるものです。思い立ったときが吉日です。

昔は、家を建てる費用の一割を、仏壇に当てたとも言われましたが、予算もあるでしょうし、部屋の広さや仏壇の幅や奥行き、高さ、扉を開けたときのことも考慮して選んでください。

お仏壇の主人はご本尊であり、それぞれの宗派の本山から受けますので、菩提寺の住職に相談してください。そのご本尊の大きさによって、仏壇の大きさも決まってきます。たとえば浄土真宗のご本尊の大きさは「代」という単位で呼ばれ、小さい二十代なら縦が約二〇センチメートル、百代なら約五〇センチメートルです。「代」という字は、酒代・飯代などという代金の代ですが、世間の世という字と同じ意味とも考えられます。遷《うつ》り代わるということ、先祖代々という意味も含まれていると思われます。

新しく仏壇を購入したり買い替えるときや、ご本尊を奉安するときには、開眼《かいげん》供養あるいは仏壇開き（宗派によって、御魂《みたま》入れ、お性根《しょうね》入れ、入仏式《にゅうぶつしき》などと呼び方が違います）をするため、菩提寺の住職か、仏壇店に相談してください。そのときには、餅や赤飯、海の幸（昆布、若布など）山の幸（茸、栗など）、果物などを供えたりします。

古い仏壇を処理するときにも、勝手に焼却しないでください。ある時、塵の置き場で、カトリックの尼僧が二人、立ちすくんでいました。その視線の先には、捨てられていた仏壇がありました。「もったいないことを」と、宗教は違っていても、二人の尼僧さんは十字を切り、祈りを捧げていたのです。

買い替えにより御用済みとなった仏壇に感謝し、お焚きあげする「仏壇供養」が、春秋の彼岸や、涅槃会の二月十五日、あるいは「仏壇仏具の日」とされている三月二十七日などの日を選び、全国各地で厳修されています。大切に拝んできた、大事な仏壇だけに粗末にはできないと、業者によって始められた行事です。

なお、法事のときなど、仏壇を別の場所に移動したりすることは、かまいません。合掌礼拝してから移してください。

## 仏壇を置く場所

仏壇も家具の一つには違いなく、あまり日当たりのよいのも、湿気が多いのも、仏壇を傷めることになります。窓を開けて、風通しをよくしてください。東京の台東区、稲荷町から田原町にかけての仏壇街の多くが北側向きに並んでいるのも、また南側向きでも店先には仏具類を置いたりして直射日光が当らないように工夫しているのも、商品が傷まないようにということです。

浄土系ですと、西方の極楽浄土を拝むように、本来は西を向いて礼拝できるところがよいのですが、そうもいかない場合もあり、方角にこだわることはありません。「念仏の申されん様にすぐべし」という法然上人の言葉のように、お念仏が称えやすいところ、最も日々のお勤めがしやすい場所に安置します。

毎日の生活を感謝するという心から、床の間の横や寝室ではなく、茶の間や居間に仏壇を置く家庭も少なくありません。いつも家族と一緒、ご先祖が淋しい思いをしないようにという気持ちもあるのでしょう。

仏壇の位置は、本尊がよく拝めるような位置、できれば目線よりも高い所がよいのですが、日々のお勤めのことも考え、神棚のような高い位置には安置しないようにします。なお、神棚とは向かい合わせにならないように、お尻を向けることのないように配慮します。

# 仏壇の手入れ

「一に掃除、二に勤行」と言われる禅宗では、掃除をするときにも、自分の心を清らかにするつもりでと教えます。心の塵や垢を掃除する気持ちをもって、掃除に打ち込むのです。

お仏壇も、私たちの心に積もっている埃《ほこり》を清めるつもりでお掃除します。

仏壇は空拭《からぶ》きが基本ですが、汚れがひどいときは固く絞った布で拭き取り、すぐに乾いた布で空拭きしてください。金箔のところは、毛ばたきで軽く払ってください。塩分を嫌うので、手が触れないよう指紋がつかないように注意します。漆塗りのところは水がつかないようにし、傷つきやすいので、柔らかい布で空拭きして汚れを落としてください。

真鋳や金属の仏具は、磨き剤を使って布で拭いてください。拭き清めるような気持ちで、時間をかけてピカピカになるように磨いてください。

でも、仏壇を掃除する本当の箒《ほうき》は、感謝の心です。朝夕、油断のないように「有難うございます」という感謝の布によって自らの心を磨いていれば、いずれ安心の境地に至る理屈は、けっして嘘偽りではありません。

お仏壇を修理に出すときには、たとえば浄土宗ですと撥遣《はっけん》（御霊《みたま》抜き）という儀式をしますので、仏壇店の方か、それぞれの菩提寺に相談してください。

# 仏壇のおかざり

## おかざりの基本は三具足

「香華燈明《こうげとうみょう》」と言いますが、香と華と灯明、香炉と花立てと蠟燭立て、この三つを三具足《みつぐそく》と呼びます。より丁寧になると、外側から花立て一対・蠟燭立て一対、中に香炉の五具足《ごぐそく》となります。

香は芳《かんば》しく、花は麗《うるわ》しく、灯火は明るくありたいものです。曹洞宗の清水浩龍老師は、「南無帰依仏・南無帰依法・南無帰依僧」を、「明るい心・正しい心・仲良い心で日を暮らせ」と教えていました。それはまた「お明かし・お線香・お花の三具足によって、手を合わせることが〝仏法暮らし〟となる」ということです。

「左灯右華」といって、仏さまから見て、左に灯明、右に花を供えます。私たちから見れば、向かって右に灯明、左が花となります。香炉は真中ですが、三本足の香炉だと一本が手前正面にくるように置きます。そして、焼香しやすいように、花立てや蠟燭立てよりも、ちょっと手前に置くようにします。

仏壇が三段飾りになっているとして、上段の中央にご本尊を祀り、中段は位牌と過去帳、お仏飯や盛物など。下段に三具足。これが家庭の仏壇の基本となります。五具足の場合は、香炉の左右に蠟燭立て（燭台《しょくだい》）、その外側に花瓶《かびん》一対を置きます。二つの燭台には「自燈明・法燈明（自らを燈明とし、法を燈明とせよ）」という釈尊の遺訓の心が込められています。

仏飯器や茶湯器《さとうき》、お菓子や果物を盛る高杯《たかつき》は中段か下段、あるいは薄い引き出し式になっている請来棚《しょうらいだな》に並べます。この請来棚《しょうらいだな》は、法事や祥月命日に供える霊供膳《りょうぐぜん》（一汁三菜の精進料理）を乗せるためにあります。また、故人の命日には好物を供えます。

仏壇の下台には、線香や蠟燭の箱などをしまっておきます。仏壇の最下段か、もしくは経机があれば、そこに、マッチ消し・線香差し、鈴《りん》や経本、数珠などを置きます。

お盆には、仏壇の近くに精霊棚《しょうりょうだな》という壇を設け、霊膳《れいぜん》や果物を供え、ご先祖の霊が、

一般的なお仏壇のおかざり

35　仏壇のおかざり

浄土真宗系のお仏壇のおかざり

おかざりの基本は三具足

その背中に乗って跨《また》るようにと、茄子や胡瓜で作った牛や馬を置いたりします。この盆棚の前で、僧侶が読む経を「棚経《たなぎょう》」と言います。その精霊棚の飾り方も地方によって違いますし、宗派によっては飾らないこともあります。

枕飾りの場合も、遺体の枕辺に、小さな机を置いて白い布をかぶせ、その上に香炉・蠟燭立て・花立ての三具足を置きます。花立てには樒《しきみ》を飾ります。

この枕飾りには迷信の域を出ない風習もあり、宗派だけではなく地方によっても違うのですが、箸を立てた一膳飯や枕団子などを供えることもあります。燭台の光は、三途の川で迷わぬよう、浄土への道を照らす意味があります。ただ、お通夜のとき、灯りや線香の香煙を絶やさないようにと配慮する必要はありません。火事の原因になることも少なくありませんので、気をつけてください。

遺骨を安置する中陰壇も三具足が基本です。ただし、浄土真宗では、お骨上げや初七日でも遺影や遺骨の前ではなく、礼拝の対象である仏壇に向かってお勤めをします。

## 五供養の意味

礼拝とは、礼とは頭を下げること、拝は手を合わせること。そして供養とは、供とは花や蠟燭をあげること、養とはお仏飯や果物などを供えることです。また供養の供は、人と共に（亡き人々も含めて）と書きます。自他一如、我も人も一緒にという考えが、仏教の基本にあります。

仏壇に向かって礼拝することは、彼岸に到る六波羅蜜《ろっぱらみつ》（布施・持戒・忍辱《にんにく》・精進《しょうじん》・

禅定《ぜんじょう》・智慧）を行じていることになります。布施は膳、お仏飯《ぶっぱん》です。持戒は、仏壇の前で手を合わせる私たちの姿、誓いです。花を奉るのは、「踏まれても根強く保て福寿草　やがて花咲く春に逢わなん」の歌のように、厳しい冬にも春へ向けての準備を怠らない忍辱の心を表しています。

水は、一滴の雫も時をかければ石を穿《うが》つように、精進を意味しています。また香を焚くのも、あまねく芳しさを放ち続ける精進を表します。禅定のとき、一本の線香が燃え尽きるまで四十分前後、坐禅の時間を知る時計の役目も果たしているのが線香であり、お灯明を照らすのは、智慧をともすことです。みなみな、心の象徴です。

仏壇に向かって手を合わせ、拝むときには目を閉じ、手を合わせます。それは自己の尊い「いのち」を拝んでいるのです。すなわち、私の心に神棚・仏壇を設けなくてはならないのです。わざわざ、遠くの神さま仏さまに参詣する必要はないのです。

仏壇は自問自答、ほんとうの自己との対話の場です。仏さまには、ごまかしが効きません。お仏壇は、嘘偽りだらけの自分を懺悔する場であると同時に、煩悩だらけの私が生かされていることへの感謝の場です。

お仏壇に花を飾り、お仏飯を供え、浄水を捧げ、蠟燭に火をともし、お線香をあげる。これを五つの供養、五供《ごく》と言います。そして、数珠を手に、合掌礼拝する日々のお勤め。何気なくやっていますが、そこには深い意味が秘められています。

## 花

### 仏前に花一輪の心掛け

花は、こちらから見て美しいように飾ります。それは、花もまた仏さまからの慈悲を表したものだからです。供物《くもつ》の盛りようも、美味《おい》しそうに見えるほうを、人のほうに向けます。それは、お参りする人の目を喜ばせることが、仏さまの眼を喜ばし、人の心を楽しませることが、仏さまの心を楽しませることになるからです。それはまた、夫であり妻であり子供たちこそ、活《い》きた仏の子であることを教

お花は仏さまの慈悲を
表したもの

えています。お互いを大切にし、敬い助け合わなければならないということです。

仏壇には四季折々の花や、故人の好きだった旬《しゅん》の花を飾ります。季節感を感じさせますし、普段の生活で忘れがちな何かを思い起こさせてくれます。

また花々は、私たちの眼を楽しませてくれます。私たちは、去年より今年、今年より来年は、もっと良い花を咲かそう、そして良い果実を得ようと、いろいろ手入れをします。人の心も同じです。人も地上に種子として下りたからには、仏さまに愛《め》でられるような心の花を咲かさねばならないのです。私が花の一輪なら、どう咲けばいいのでしょうか。人生の苦難にあえぐようなことがあっても、どんなに蹴られようと踏まれようとも、路傍に咲くタンポポに負けてはいけません。

麗しい花を仏前に捧げるのも、この花のように、心の色を清くして、心の香りを芳《かんば》しくという教えです。それは、仏さまからの私たちへの願いでもあります。私たちが美《うる》わしい心の花を咲かせたなら、どんなに仏さまは喜ばれることでしょう。信心は、人の心に開いた一輪の花です。その美しい心の花が開くには、自分だけではない、天地自然の数多くの徳があればこそです。

己れの姿を花と見る。ですから仏前へ飾る花も、刺《とげ》のある花や、毒のある花、匂いの好ましくない花、蔦《つた》のまといつくような花、造花などは避けます。どうか、玄関の花は枯らすことがあっても、仏壇の花、心の花は枯らすことのないようにしてください。

## 水

仏や菩薩に供える浄水や、香水を盛る器を、閼伽《あか》（梵語アルガ）といいます。水には汚れを洗い清める働きがあります。ですから、ご本尊に水を捧げることは「この捧げし水のように、我が心を澄ませたまえ、清めたまえ」という、祈りと誓いなのです。決して、仏さまの咽喉が渇くからという理由ではありません。

浄土真宗では慣習として、お仏壇に水を供えませんが、水にはそういう意味が込められているのです。大切なことは、形式ではありません。そこに秘められた心なのです。

お茶を捧げるのも、葉を蒸《む》し、揉みに揉まれて苦労をしても、茶としての味を失わないことを、修養の糧《かて》とするためです。水にしても、釈尊の『遺教経《ゆいきょうぎょう》』に「小水の常に流るれば即ち、よく石を穿《うが》つ」とあり、忍辱《にんにく》の教えにつながります。水は方円の器に従って和合する、これまた柔和の生き方の手本となります。そのような水の徳を味わいながら、浄水を捧げるのです。

どうか、私の奥に眠っている仏さまの種が芽を出すようにと、心に水を掛けるつもりで捧げてください。浄水を取りかえるときにも捨てたりしないで、植木鉢にあげるようにしてください。一滴の水、一椀の飯も、いずれも天地自然の恵みの賜物なのですから。

## 仏飯

昔の人は、季節の初物や他所《よそ》さまから何かを戴くと、まず仏壇に供えたものです。神棚や仏壇に、海の幸・山の幸を並べるのも、「神さま仏さまの御苦労があったればこそ、私たちは今、安らかに日々を過ごさせていただいています。有難うございます」という、神仏の慈愛に生かされていることへの感謝です。

仏前に供える御飯を、香飯とも呼びます。また、お寺に育つことを「お仏飯で育った」という言い方をします。お仏飯を捧げるのは、生活に必要な衣食住、天地自然すべてを代表したものです。私たちの命を支えてくださっている米や野菜、肉類への感謝の

お仏飯は天地自然の恵みを表したもの

気持ちを込めながら、炊きたての御飯を仏飯器に盛って、お供えします。

物の「いのち」は大切にいただかなければなりません。供え物は、腐るまで供えておかずに、お昼までには下げ、お下がりをいただくようにしてください。

## 灯明

オリンピックの聖火もそうですが、灯火は人々に明るい希望を与えてくれます。

灯明は、仏さまの智慧と慈悲を表しています。お灯明を点《とも》すことを「お仏壇に、お光をあげる」と言いますが、仏さまの光明を授けていただき、煩悩の闇路に迷う私たちを照らしていただくのです。

蠟燭には大小や長短、太い細いの違いがあります。しかし、小さくても短くても細くても、明光赫赫《めいこうかっかく》たる蠟燭があります。人間にも貧富があり、長寿や短命、健康や病弱があり、人さまざまです。

我が身を細めながら、周囲を明るく照らす蠟燭たち。私たちは一本の蠟燭、一本の線香に負けないような日暮らしをしているでしょうか。悪臭を放って、世間の鼻つまみになってはいないでしょうか。香華燈明を捧げるたびごとに、我が身を省みなければなりません。

朝夕の礼拝が終ったら、お灯明は消すようにしてください。仏扇《ぶっせん》か専用の小さな団扇、もしくは左手で扇《あお》いで消すようにします。火の元には気をつけてください。お線香が倒れて火事になることもあり、小さな火でも軽んずべからず、家内安全・火の用心です。お仏壇は、煩悩の火事を鎮めるところなのですから。

夏の風物詩、京都市右京区の化野《あだしの》念仏寺では地蔵盆の夜（八月二十三・二十四日）に、お灯明をあげて死者を供養する千灯供養が行なわれます。まさしく、命は風前の灯火ということが実感できます。

死神に連れて行かれた男が、今にも消えそうな蠟燭を見せられ、「おまえの寿命だ」と言われるのが、「死神」という落語です。蠟燭を人間の短い寿命に見立てています。

一本の蠟燭は今日の命、一本の線香は、煙と昇る明日の姿を教えてくれています。

　経ちやすき人の命は蠟燭の　火の消えぬ間に信をとれかし（古歌）

生死事大《しょうじ》無常迅速、お互いに何時何時《いつなんどき》知れぬ命の露なのですから、また明日《あした》、また明《あ》後日《さって》とは思わずに、香華燈明・お仏飯を捧げるたびごとに、今日を限りの命かな、お仏壇の一度一度がお暇乞《いとまご》いと思って、お給仕してください。

## 蠟燭

精霊流し、大文字の送り火などの行事を大切にしてきた日本人は昔、行灯《あんどん》や提灯《ちょうちん》の明かりによって生活してきました。

蠟燭の柔らかな炎は、安らぎを与え、部屋のムードを盛り上げることから、現代でもパーティーに利用されたりします。

和蠟燭は植物油のため、パラフィンやステアリンなどが原料の洋蠟燭と違って、油煙が少なく、仏壇や部屋が汚れにくく、汚れても拭き取りやすいという利点があります。

風が吹いても消えにくく、風がなくても炎が揺らいで神秘的な雰囲気を漂わせる特長も

上が広がった碇型の蠟燭

あります。

和蠟燭の原料は、ハゼの実からとれる油の他にも、バーム油（椰子の実油）、菜種油などが原料となります。製造工程は、芯に溶かした蠟を手で練りつけ、乾かし、また塗り掛けていくという作業（下掛塗り・上掛塗り）を繰り返し、頭部と尻部を切って揃えます。

形は棒型と、上が広がった碇《いかり》型があります。寺院の大きな法要では、碇型の蠟燭が用いられます。他にも桜や菊、紅葉などの絵をあしらった手描きや、大文字など京の四季を彩った絵蠟燭などがあります。

南都七大寺の一つ、大安寺の「流記資材帳」（天平一九年、七四七年）に、養老六（七二二）年、同寺が元正天皇から賜ったもののなかに、蠟燭の品目があります。蠟燭は匁《もんめ》という重さで計ります。一匁（約三・七五グラム）で約三〇分燃え続けます。

昔は火打石で点火しましたが、現在はライター。でも、やはり仏壇の灯明はマッチで、というこだわり派も多いようです。ただし、マッチの燃えかすは灰皿などに捨て、香炉には入れないようにしてください。手のひらで扇《あお》いで消すようにし、口で吹き消さないようにします。和蠟燭を消すときは、香箸で芯を挟み切ります。また寺院では、点燭《てんしょく》しないときには木蠟《もくろう》、木の蠟燭を立てておきます。

各宗派、儀式によって、使う蠟燭も異なります。普通は白色の蠟燭。葬式のときも白色か、あるいは蓮花蠟燭を使います。お盆・お彼岸や忌日法要には朱色の蠟燭、年末年始は金色を使います。

浄土真宗本願寺派では、報恩講（親鸞《しんらん》聖人の忌日）や年忌法要には朱蠟、慶讃法要や仏前結婚式のときは金色（あるいは朱色）、葬儀や追悼法要は銀色と、法要の種類によって蠟燭を使い分けています。金蠟や銀蠟は、白蠟に金箔や銀箔を押したものですが、朱蠟や白蠟で代用してもよいことになっています。

# 香

お香は六世紀頃、仏教の伝来と共に伝えられ、寺院での儀式、神仏への供養に用いられました。

浄土宗のお経に、「願我身浄如香炉《がんがしんじょうにょこうろ》」で始まる「香偈」があります。「我が身、浄きこと香炉のごとく…」、身も心も浄らかでありますようにと願い、三世の仏に供養の誠を捧げるのです。「香華」と並び賞されるように、香を焚き花を散らすことは、仏さまを迎える礼儀になっています。芳しい煙は、神仏の降りられる懸橋とも言われています。

香は信心の使い、信心を仏に通わす使いと言われています。『賢愚経』に、お釈迦さまの弟子が、梅檀の香木でお堂を造り、祇園精舎《ぎおんしょうじゃ》のほうを向いて、焼香をします。すると、香煙が空に立ち昇り、お釈迦さまの頭の上に、煙の天蓋となったので、お釈迦さまが梅檀堂へ出向いたという説話があります。香煙に乗って、供養の気持ちが相手に通じるのです。

香には、人の身心を清める働きがあります。寺院の大香炉から立ち昇る煙を身体に染み込ませ、「健康でありますように、丈夫になりますように」と祈る光景を、よく見かけることでしょう。これは、香が薬として用いられた名残りと思われます。

香は仏の食物とされ、香りを聞くことは、仏の教えを聞くことでもあります。浄土真宗の篤信の念仏者を「妙好人《みょうこうにん》」と呼びますが、妙好は「妙香」に通じます。信心の徳という、清らかな香りが漂う人のことです。お仏壇は、心の香を薫《くん》じるところです。心に仏を念じると、仏の香気が身に染まるのです。香は人の心を和《なご》ませます。

## 線香

「さわやかな一日のスタートは、毎朝のお線香で」、香を扱っている会社のキャッチコピーですが、立ち昇る煙は、気分を落ち着けます。香りの良い線香は、心を癒します。何本も焚くことはありません。ちょっとで、いいのです。

菩提寺のことを「香華院《こうげいん》」ともいいます。香華を手向《たむ》ける寺院ということです。手で捧げ供えることを、手向けるといいます。手向けの花、手向けの水、手向けの線香……。

お墓参りには線香を焚きます。よく「線香の一本もあげてやってください」というように、お線香を献じることで、亡き人への供養とします。それに香りや匂いは、親しい人々や懐かしい日々のことを瞬時に蘇えらせることがあります。

お線香から修養の力を学ぶこともできます。頭に火をつけられても、じっと耐え忍んで己が任務を完うする、灯しきる忍耐を表しているのです。

読経の途中で線香が消えると、亡くなった仏さまが来た知らせと言われますが、それで死者が迷うことはありません。灯明や線香が消えても、ご本尊の智慧や慈悲は絶えることがないのですから。

お線香の場合、蠟燭で火をつけて、左手で扇いで消し、香炉に垂直に立てます。曹洞宗では、一人の精霊のために立てる線香は一本です。お線香を立てるのは、真っ直ぐな心を表すものです。浄土真宗では、お線香を香炉に入るように適当に折ってから火をつけ、火がついたほうを左にして、香炉に横に寝かせます。阿弥陀さまに、お任せの姿勢でもあります。

お線香は仏具店やデパートなどで売ってますが、「匂いの薄いものを」「煙の少ないものを」という注文が多いようで、あまり抹香臭いと嫌われるようです。

お線香の起源は中国で、日本へは寛文年間、清川文左衛門が幼い頃、福州に渡り、十六歳で長崎に戻って線香の製法を伝えたそうです。南蛮貿易で賑わう泉州堺では、天正年間（十六世紀）から線香業が始められています。

職人による手造りの線香は、香料を粉末にして調合し、「捏ね」「練り」という工程を経て、玉にし、押出機で線香状にして一定の寸法に切ります。調合もさることながら、消えやすかったり、折れやすかったり、曲がったりと、微妙なだけに、職人の経験と勘が必要になります。

「仏像香」「佛現香」「顕字薫香」などというユニークなお線香があります。普通の線香より太く、焚いたあとの白い灰が崩れないで、仏像や聖号が浮き出てくるもので、香りは白檀です。仏像は阿弥陀如来・弘法大師・聖観音・不動明王・釈迦如来・水子地蔵、文字では南無阿弥陀仏・南無妙法蓮華経・南無大師遍照金剛・南無観世音菩薩、あるいは為先祖代々供養などが現れます。

本願寺八世・蓮如上人の弟子、慶聞坊《きょうもんぼう》が上人の書かれた六字の名号を大切にしていましたが、留守中に火事で、家が焼けてしまいます。焼け跡に行ってみると、灰の中に「南無阿弥陀仏」という字が顕われたのに驚いて、その灰を掬って押し頂くと、その名号が仏の姿となって、空へ上がっていったという逸話が伝わっています。

お線香は、坐禅の時間を知る時計の役目も果たしています。一本の線香が燃え尽きるまで四十分前後、これを一炷《いっちゅう》といいます。真剣に坐禅していると、線香の灰が落ちるのが、腹の中にズンとこたえるそうです。

また、芸者の線香代《せんこうだい》といって、昔は、芸者の玉代《ぎょくだい》を線香で数えていました。江戸時代（天保）には、線香一本が金一分だったそうです。これは、室の津の名妓・友君《ともぎみ》が遊興費を受け取らなかったので、困った客が、友君の部屋に木曽義仲の位牌があったので、「これで、お線香か花でも」と置いて帰ったことが、花代とか線香代の始まりという巷説があります。

古典落語の「たちきり」は、若旦那が、亡くなった馴染み芸者の位牌に線香をあげると、置いてあった三味線が一中節を弾きだしますが、しばらくすると音《ね》がとまる。「若旦那、そのはずで。仏壇の線香が絶ち切りました」が落ちになっています。

①軽く頭礼します

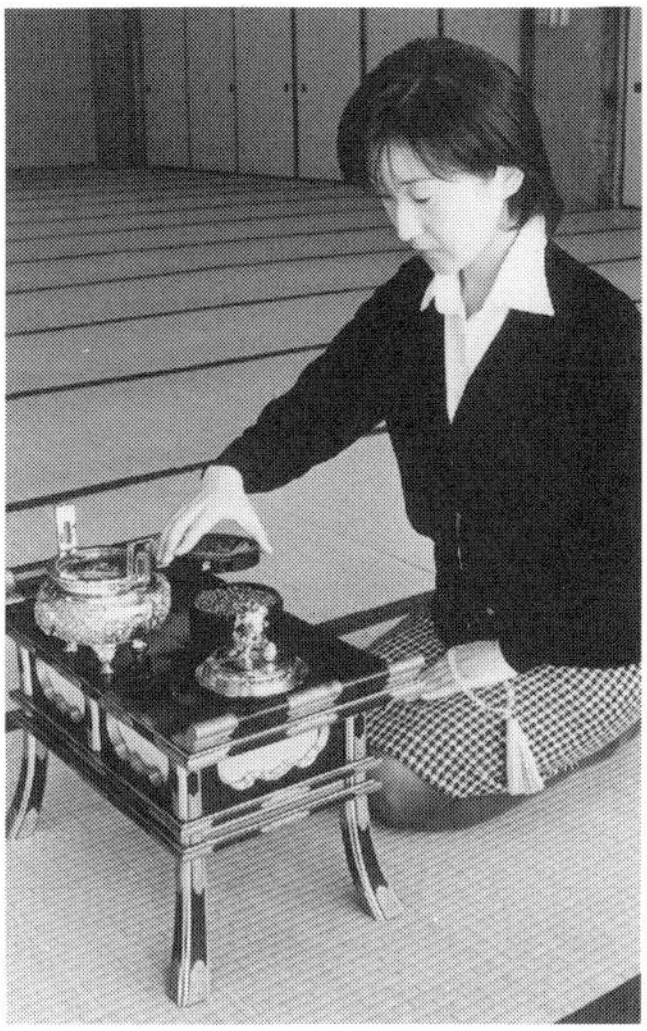

②香盒の蓋を取ります

## お焼香

仏前でのお焼香は、部屋の空気を清浄にします。

お焼香の仕方は宗派や地域によっても違います。昔から三回、恭《うやうや》しく頂いて香炉に投じることが多いようですが、回数は、天台宗と浄土真宗本願寺派は焼香が一回、一心にという意味です。真宗大谷派は二回。真言宗や浄土宗、日蓮宗は三回です。仏・法・僧の三宝を敬い、三世の諸仏への帰依を意味します。また、貪（むさぼり）・瞋（いかり）・痴（おろかさ）の三毒の煩悩を焼く意味もこめられています。

③焼香をします

④乱れた香を平らに直します

⑤香盒の蓋をします

⑥合掌します

しかし、回数を決めている宗派でも、暑いときや冷えるときに焼香の時間が長いのは苦痛です。場合によっては心をこめて一度でもよいと指導しています。

お焼香の作法は宗派によって、いささか異なりますが、葬儀では導師と本尊に一礼し、

・焼香台の前で、ご本尊に軽く一礼。

・香盒に蓋がしてあったら、蓋をとって、香盒の縁の右側に掛け、右手の親指と人差し指（あるいは中指）の先で香をつまみ、香炉に入れて薫じます。

・香盒を閉じ（後に続く人がいれば、蓋はそのままで結構です）、合掌礼拝。

・二、三歩さがって軽く一礼します。

# 各宗派の仏壇とおかざり

## ご本尊

「朝は早起き、身を浄め、御明《みあ》かし照らし、香を焚き、我が身は何処《どこ》に赴くも、導きたまえ、ご本尊」。心の拠り所となるご本尊を安置するところを須弥壇《しゅみだん》と呼び、その中央を宮殿《くうでん》と言います。

須弥は梵語スメールの音写で、仏教で世界の中心となる須弥山《しゅみせん》を表しています。妙高と訳されますが、須弥山のような高い山を仰ぐように、ご本尊の智慧の高さ、慈悲の深さを味わうようにという教えが含まれています。

仏教なのですから、各宗派のご本尊は釈尊だろうと思うと、そうとばかりは限りません。もちろん、釈尊を尊ぶことは言うまでもありませんが、その釈尊が何を説かれるた

須弥壇の上に乗った宮殿

めに、この世にお生まれなさったのか（出世《しゅっせ》の本懐）、その解釈の違いによって、あるいは宗派の教義によって、仏壇に祀られるご本尊も異なってきます。たとえば浄土系は、釈尊が世に出たのは、阿弥陀如来の本願を説くためと考えますので阿弥陀如来ですし、真言宗では大日如来となります。

また、法相宗《ほっそうしゅう》ではご本尊として「唯識曼荼羅《ゆいしきまんだら》」を掛けますが、奈良の薬師寺では、寺名のように薬師如来を金堂の本尊とし、諸堂それぞれに釈尊や阿弥陀如来、観世音菩薩、地蔵菩薩などを本尊として祀っています。

禅宗では、自分という仏を、本当の仏たらしめようとしますが、その手本となるのがご本尊です。つまり本尊とは、各自に外なりません。

# 天台宗

伝教大師　阿弥陀如来　天台大師

『法華経』に説かれている久遠実成《くおんじつじょう》の釈迦《しゃか》牟尼仏《むにぶつ》を本尊としていますが、その本仏《ほんぶつ》は衆生済度のために、さまざまな諸仏・諸尊に姿を変えて衆生を救っているので、ご本尊は阿弥陀如来や観世音菩薩でもよいことになっています。現に、比叡山の根本中堂の本尊は、薬師如来です。

天台宗で最も読誦されるのは、三蔵法師こと玄奘《げんじょう》が訳された『般若心経』です。他には『妙法蓮華経』の中の、久遠の仏の存在を説いている寿量品偈（冒頭の語句から「自我偈」とも呼ばれています）、あるいは観音さまの妙智力を説いた普門品偈（観音経）などが読誦されます。

お仏壇も決まった祀り方はありませんが、上段に本尊、その左右に位牌を祀ります。向かって右に高祖・天台大師智顗《ちぎ》、向かって左に宗祖・伝教大師最澄《でんぎょうだいしさいちょう》を祀ることもあり、その時は一段下に過去帳や位牌を奉安します。中段と下段に鈴《りん》、茶湯器、盛物などの高杯《たかつき》や、三具足を適当に配置します。

## 真言宗

真言宗の本尊は大日如来ですが、信仰している仏さまがあったら、それを祀ってくださって結構です。なぜなら、すべての神仏は大日如来が姿形を変えた応化身《おうげしん》と考えているので、各寺の本尊も観音さま、お不動さま、お地蔵さんと様々です。

ご本尊の向かって右に宗祖・弘法大師空海、左に興教大師覚鑁《かくばん》か不動明王を祀ることもあります。本尊の下段に過去帳や位牌、その下に三具足となります。真言宗では三具

不動明王　大日如来　弘法大師

足を、香は燃え続ける精進、花は冬の寒さや夏の暑さに耐え忍ぶ忍耐、灯明は『賢愚経』にある説話、誠の心で供養した一灯は消えないという「貧者の一灯」の供養の心と解釈しています。その「貧者の一灯」とは、真心のことです。

　真言宗では『般若心経』ないし『観音経』を読誦します。もし、読む時間がなければ、「南無大師遍照金剛」という御宝号を三遍か七遍、唱えます。お大師（弘法大師）さまの光り輝く慈悲、金剛石のような智慧に帰依いたしますという意味です。そして、宇宙の根源的な大生命である大日如来と一体であると心に念じます。

# 曹洞宗

瑩山禅師　釈迦牟尼仏　道元禅師

仏教の開祖である釈迦牟尼仏を本尊とします。大本山永平寺の仏殿正面の須弥壇には、釈尊の左右に阿弥陀如来と弥勒菩薩の三尊仏、金沢の大乗寺では、釈尊・文殊菩薩・普賢菩薩の三尊仏が祀られています。

しかし、それは寺院としての本尊であって、禅宗の仏壇のご本尊は決まってはいません。各寺の由緒によって阿弥陀如来であったり、観世音菩薩や地蔵菩薩であったりします。あくまでも仏心の象徴ですから、既に縁のある仏さまを祀っていれば、それでよいとされています。

家庭では、一仏両祖の三尊仏といって中央に釈迦牟尼仏、右に高祖・道元禅師（承陽大師）、左に太祖・瑩山《けいざん》禅師（常済大師）が描かれた掛軸を祀ります。

お位牌は、ご本尊の左右に祀ります。また、故人の写真を飾ることもあります。中段に、茶湯器、御飯（または霊膳《れいぜん》）、高杯に菓子や果物などの盛物を捧げます。最下段に三具足を置きます。

お勤めは、『般若心経』か『修証義』を読誦します。時間のないときには「南無釈迦牟尼仏」、より丁寧にですと「南無大恩教主釈迦牟尼仏」のお名号を三返か七返、もしくは二十一返、唱えます。このお名号の中に、一切の仏徳が含まれているとされています。

## 臨済宗

ご本尊は釈尊を大恩教主と仰ぎますが、「衆生縁による」ので、定まった本尊を立ててはいません。真理に目覚めるため、坐禅をして、それぞれが自己を生きた仏壇として、

文殊菩薩　釈迦牟尼仏　普賢菩薩

本来の自己に目覚めることを目的とします。
　仏壇の中央にご本尊、向かって右に文殊菩薩、左に普賢菩薩。あるいは、たとえば妙心寺派では、右に禅宗を開かれた達磨大師か諸仏諸尊、左に開山・無相大師を祀ります。中段には仏《ぶっ》餉《しょう》（御飯）とご先祖の位牌を祀ります。下段には三具足、そして茶湯器《さとうき》、果物や菓子類を供えます。霊供膳《りょうぐぜん》はご先祖の命日に、位牌をご本尊の前に祀って供えます。
　臨済宗では『般若心経』か、白隠禅師の『坐禅和讃』が、よく読誦されます。静かにご本尊の前に佇んで、身と呼吸を整えますと、私の胸の中の仏心とご先祖への思慕が、自然に広がってくることでしょう。

# 日蓮宗

大黒天　大曼荼羅　鬼子母神

日蓮宗の本尊は、お釈迦さまの教えの真髄である『法華経』に説かれている、久遠実成《くおんじつじょう》（永遠）の釈尊の救いを示す、大曼荼羅《まんだら》ご本尊です。末世の衆生を救済するために説かれた『法華経』の真理を文字で表したもので、『法華経』に出てくる仏・菩薩や、『法華経』を守護している神々の名が記されています。

仏壇の最上段の中央に大曼荼羅ご本尊を、その前に日蓮聖人の木像を奉安します。あるいは、本尊の右に鬼子母神、左に大黒天を祀ることもあります。

ご先祖の霊を救っていただくことから、ご本尊より一段低いところの両脇に位牌・霊簿（過去帳）を祀ります。その下に、向かって右から燭台・香炉・華瓶《けびょう》の三具足（もしくは五具足）を配置します。そして、お水、お茶、お菓子、果物などの供物を並べます。鈴《りん》や線香なども置きます。

お線香は三本、香炉に立てます。お焼香も同じく仏（釈尊）・法（法華経）・僧（日蓮聖人）の三宝を念じて三度、薫じます。しかし、葬儀や法要で人数が多いときは一度にします。

日蓮宗では、日蓮聖人が、仏教の眼目と述べた『法華経』如来寿量品第十六の偈「自《じ》我偈《がげ》」を最も多く読誦しますが、「南無妙法蓮華経」の題目こそ、末法の衆生を救う教えであるとする宗旨ですから、勤行の時間がないときには、お題目を心をこめて唱えます。

# 浄土宗

法然上人　阿弥陀如来　善導大師

ご本尊は舟型後光の阿弥陀如来立像が正式ですが、座像でも、「南無阿弥陀仏」の掛軸でも構いません。向かって右に高祖・善導大師、左には円光大師、すなわち宗祖・法然上人の掛軸を祀ります。あるいは弥陀三尊といって、向かって右に観音菩薩（慈悲を表しています）、左に勢至菩薩（智慧を表しています）を脇侍として祀ります。ただし、仏壇が狭いときはご本尊だけを祀ります。

仏壇の荘厳は決まってはいませんが、ご本尊の一段下の左右に、先祖代々の位牌を祀ります。

下の段には、燭台・香炉・花立ての三具足。他には、茶台茶湯器を真中に、仏飯器、お菓子や果物などの供物を高杯《たかつき》に置き、並べます。

お焼香は、右手で香をつまみ（左手を添えるようにして）、額に戴くようにして、一度ないし三度、薫じます。そして合掌礼拝します。

浄土宗の信者にとっては衣食住すべてが、みな念仏という正行《しょうぎょう》を助けるための、極楽浄土に往生するための助業《じょごう》となります。思わず「有難い」と、自然に念仏が出てくるような日常となっていくためにも、「現世をすぐべき様《よう》は、念仏の申されん様にすぐべし」という法然上人の言葉のように、すべてを念仏の称えられるように過ごすことが大切になります。

## 浄土真宗

浄土真宗本願寺派（お西）と真宗大谷派（お東）とでは、「帰命無量寿如来」で始まる「正信偈《しょうしんげ》」でも節が違います。同じ法語でも、お東では「改悔文《がいげもん》」、お西では「領《りょう》

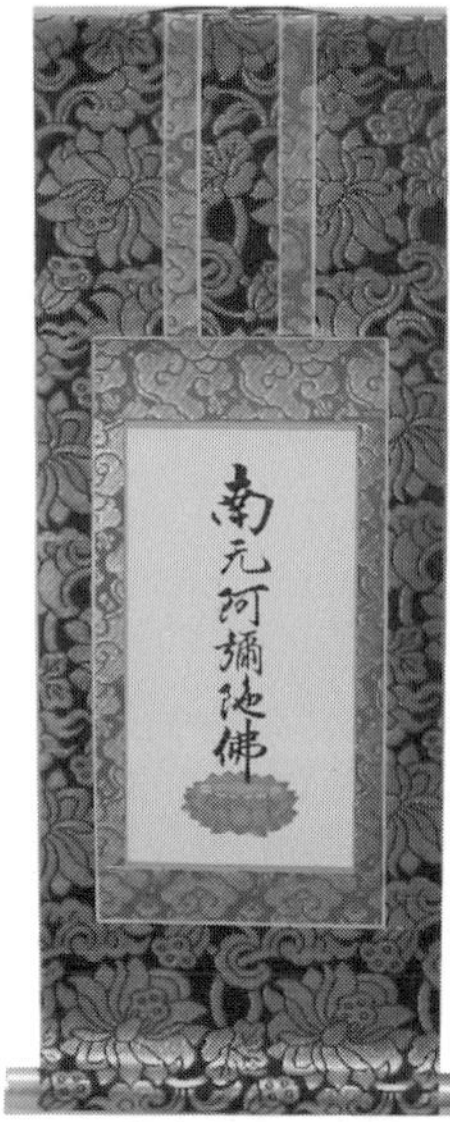
六字名号のご本尊

解文《げもん》」と、伝統によって呼び方が異なったりします。

仏壇でも、屋根張りが一重と二重、柱も金箔張りと漆塗り、柱間の彫刻などにも違いがあります。仏具の土香炉も、青磁で透かしの入ったのが東、西は九谷焼のようにつるっとしています。お仏飯の盛り方でも、しゃもじで盛る円錐型の本願寺派、盛槽《もっそう》を使う円筒型の大谷派と、微妙に違います。

しかし、「お流れを汲むも一つの水の味」。仏光寺派、高田派、お西、お東などと、それぞれ釣瓶は違いますが、汲み上げるご安心の水は一つです。使う言葉の違いはあっても、一つ流れを汲み合った、同じお慈悲の傘の下。同じ一樹の蔭の雨宿りということです。

浄土真宗では、家庭の内に仏さまをいただく意味から、ご本尊を「お内仏《ないぶつ》」といいます。お仏壇は、家庭内の持仏堂。阿弥陀如来の光明に包まれる場であり、真実の人生に目覚める場所です。

仏壇中央の上段に六字名号「南無阿弥陀仏」、もしくは阿弥陀如来の御絵像。御絵像は方便法身の尊形《そんぎょう》です。もともと阿弥陀如来さまには色もなければ形もありません。それは、光明に姿形がないのと同じです。

阿弥陀仏の尊像は蓮華の上に立っておられます。蓮が泥の中から出て、清らかな花を咲かせるように、浮世の泥にまみれても、清らかな信心の花を咲かすようにという教えです。

ご本尊は本山からいただき、入仏慶讃《にゅうぶつけいさん》法要を営みます。左右の脇掛《わきがけ》は、向かって右に十字名号「帰命尽十方無碍光如来」、左に九字名号の「南無不可思議光如来」。あるいは、お西・お東では、向かって右に見真大師《けんしんだいし》・親鸞聖人、左には慧燈大師《えとうだいし》・蓮如上人の掛軸を安置します。

お仏飯を供えることを「お給仕する」といいますが、浄土真宗では生臭ものや、お茶やお酒を慣習として供えませんし、御霊膳の習慣もありません。もし供えるにしても仏壇にではなく、その前に机か台を用意し、その上に置くようにします。

蓮如上人

阿弥陀如来

親鸞聖人

九字名号

阿弥陀如来

十字名号

確かに、お浄土には八功徳水がありますから、水を供えなくてもよいことになりますが、それなら花や飲食《おんじき》も、お浄土には揃っていることになります。ひょっとして、水を供えないのは、浄土真宗に多い金仏壇の漆や金箔を傷めないようにという実用的配慮なのかもしれません。

ご先祖は、親様（阿弥陀如来）の懐に憩っておられるので、浄土真宗では仏壇の中に、わざわざ位牌を祀ることをしません。位牌ではなく、ご先祖の法名を掛軸にして、祥月命日に仏壇内側の両サイドに掛けます（普段は、お仏壇の引き出しに、しまっておきます）。過去帳には俗名や死亡年月日を記します。命日に取り出し、仏壇の下段に置きます。故人の写真（遺影）は仏壇の中ではなく、仏壇の近くに飾ります。

しかし、実は仏壇の中は「先祖」だらけなのです。どういう「せんぞ」かというと、「そなたに苦労をかけぬため、弥陀は永劫《ようごう》炎の中、末代衆生の身にかわり、成就したのが南無阿弥陀仏。久遠劫の昔より、忘れぬ大悲があればこそ、落ちたいとても落としはせんぞ、逃げたいとても逃がしはせんぞ」という「せんぞ」、すなわち阿弥陀如来のお慈悲です。

箪笥は着物の入れ物、押入れは布団の入れ物、お仏壇は仏智の入れ物、光明の入れ物です。そして、私たちの報恩感謝の入れ物です。

お線香は寝かせます

浄土真宗の焼香の作法は、次の通りです。

・焼香台の前で、ご本尊に軽く一礼。

・香盒に蓋がしてあったら、蓋をとって、香盒の縁の右側に掛け、右手で香をつまみ、そのまま香炉に入れて、浄土真宗本願寺派は一回、真宗大谷派は二回、薫じます。お経をあげるときとは違って、焼香のときには鈴《りん》は鳴らしません。お線香の場合は寝かせますし、抹香を額のところで頂くことはしません。これを「打たない・立てない・頂かない」と伝えています。

・香盒を閉じ（後に続く人がいれば、蓋はそのままに）、合掌礼拝。

・二、三歩さがって軽く一礼します。

# 浄土真宗本願寺派

仏壇の「お荘厳《しょうごん》」（おかざり）ですが、大きな仏壇ですと、ご本尊前の上卓《うわじょく》に四具足（真中に火舎香炉、その奥に蠟燭立て、左右に華瓶《けびょう》一対。数には入れませんが、お仏飯一対を火舎の両側に供えます）。華瓶《けびょう》は浄水を供える器で、花挿しではありません。樒《しきみ》を挿します（樒がなければ青葉ものを用います）。なお、仏壇が狭いときは上卓は略して、お仏飯はご本尊の前に供えます。

仏壇中段の前卓《まえじょく》には、三具足（向かって右から蠟燭立、香炉、花瓶《かひん》）を置きます。花瓶《かひん》には、四季折々の花を供えます。普段は三具足、五具足は報恩講とか特別の法要のときに用います。しかし、あくまで基本であって、仏壇の構造によっては、原則に外れない範囲内で変更してもかまいません。

餅や菓子、果物などを供える供笥《くげ》（お供えを盛る台）や高杯は、前卓の左右に置きます。お供物の多いときは、仏壇の前か横に、お供えください。仏壇の下段には鈴《りん》や撥《ばち》、他に和讃箱・御文章箱などがあれば置きます。

平常は線香を焚く土《ど》香炉（陶器製）、重要な仏事のときは蓋のついた金香炉《かなごうろ》（金属製）に火種を入れ、沈香や白檀などをくべます。また、お盆・お彼岸、報恩講など特別なときは、上卓《うわじょく》や前卓《まえじょく》に打敷《うちしき》という三角形の布を敷きます。白か銀色で、慶時のときは金襴を用います。これは、釈尊が説法をするときに坐具を敷いたことに由来しています。

## 真宗大谷派

仏壇が狭いときには、本山から受ける三つ折り本尊があります。浄土真宗では、きらびやかで豪華な仏壇を安置している家も多いですが、仏壇は家具とは違います。大きな仏壇、きれいな表具にこだわることはありません。小さな机に三つ折りのご本尊に三具足だけでも、立派な仏壇なのです。

たとえば浅草寺は大きな寺ですが、その本尊の観音さまは一寸八分と伝えられています。仏壇の大きさより、大切なのはご本尊であり信心なのです。たとえ金箔が光り輝い

打敷をかけたおかざり（真宗大谷派）

ていても、信心がなければ、ただの箱にすぎません。お仏飯に麦飯を粗末な器に盛ろうとも、胸の信心が銀舎利ならば、ご本尊さまはご安心なのです。

本尊前の上卓《うわじょく》には、華瓶《けびょう》一対と中央の奥に火舎香炉（左右に耳のない香炉のこと）、その前に香盒《こうごう》（香入れ）を置きます。お仏供《ぶく》（お仏飯）は火舎香炉の両側に一対、もしくはご本尊の正面（香盤上）に供えます。なお、上卓《うわじょく》は小さな仏壇では略します。

前卓《まえじょく》には、土《ど》香炉を中央に、向かって左に花瓶《かひん》、向かって右に鶴亀の燭台の三具足を置きます。燭台の鶴と亀は、「鶴の足は長い、亀の足は短い。足の長い短いはそのままに、鶴の足の長きも切るには及ばず、亀の足の短きも足すには及ばず、そのままの御助けとは……」という、お説教にも登場します。

真宗他派の場合は、細かなところで違いはありますが、大谷派もしくは本願寺派に準じていることが多いようです。

# 仏具

## 仏具

たとえば浄土宗では、扇子を使って「広げれば浄土三部経、畳めば選択《せんちゃく》本願念仏集、要《かなめ》は一枚起請文」といって、その心で扇子をあおげば、念仏の風が吹くという喩えがあります。そうなると扇子の一本でも、立派な仏具となります。

仏具一式は、仏壇の価格の二五パーセントが目安ということです。各家庭の仏具としては、三具足、五具足、位牌や過去帳、茶台（茶湯器）や高杯など。寺院では、宮殿を装飾する、天井から吊り下がった瓔珞《ようらく》や、ご本尊の顔を照らす灯籠などの飾りものがあります。

その他、木魚、鈴《りん》もしくは磬《きん》といった鳴らし物がありますが、最も必要な仏具、それは私たちの信心です。

## 位牌と過去帳

位牌は儒教の影響によるもので、位とは地位や官位、生前の肩書きを意味します。その牌《ふだ》が位牌で、この板に霊が宿るとされ、「依《よ》り代《しろ》」としての意味合いが強いものです。

これだけ残ってゐるお位牌ををがむ

放浪行乞の俳人・種田山頭火《さんとうか》は、いつも母の位牌を持ち歩いていたそうです。彼にとって、その位牌は、心の故郷だったのかもしれません。

お位牌

日本人には、ご先祖を仏さまとして、位牌を仏壇の中に祀って供養し、お給仕をする習慣があります（浄土真宗は例外です）。それは、このように安らかな日々を過ごすことができるのも、仏さまやご先祖さまのお蔭ですという、感謝なのです。

繰り出し位牌

お通夜や葬儀のときに用いる白木の位牌は野辺送り用で、四十九日が過ぎると菩提寺に納め、塗り位牌・札位牌に改めて仏壇に安置します。夫婦二霊の幅の広い位牌もあります。位牌が多くなり、仏壇に置けないようになりましたら、屋根や扉のついた繰り出し位牌に祀り換え、中に木札を納めます。

ただし、仏壇は位牌壇ではありません。位牌はご本尊の両脇、もしくは仏壇の中段に置くようにします。古い位牌は向かって右に配置します（右側を上座とします）。また、過去帳（霊簿とも点鬼簿ともいいます）の場合は見台に乗せ、やはり仏壇の中段中央に祀ります。

位牌の表には戒名、没年月日。裏には俗名、行年などが書かれ（彫られ）ています。なお、生前に位牌をつくるときは逆修といって、戒名の文字を朱色にします。

# 戒名

仏教では故人に戒を授けて、仏弟子として成仏していただくので、どうしても戒名をつける必要があります。したがって、亡くなって葬儀のときに住職に授けていただくことが多いですが、生前に受けることが望ましく、たとえば浄土宗では五重相伝、浄土真宗では帰敬式（おかみそり）を受けるとか、各宗派で在家得度あるいは授戒会などによって戒名を授けていただけますので、問い合わせてください。曹洞宗でも、両本山（永平寺と総持寺）で授戒会を開いていますが、生前戒名を安名《あんみょう》といいます。

戒名は仏さまの教えに従って、戒を守りますという誓いです。戒には、仏・法・僧に帰依することを誓う三帰戒、殺さない・盗まない・姦《おか》さない・嘘をつかない・酒を慎むの五戒など、いろいろな戒律があります。戒名は仏門に入った証しで、キリスト教のクリスチャン・ネームと同じような、ブッディスト・ネーム、仏教徒としての名前です。

戒名は院号・道号・戒名・位号によって成り立っています。院号は寺院に多大な貢献をした方に、道号は仏道に精進した方に授与されます。位号には信士・信女、居士・大姉、清士・清女などがあり、小・中学生は童子《どうじ》・童女《どうじょ》、就学前の子供は孩子《がいじ》・孩女、幼児は嬰子《えいじ》・嬰女となります。

その字句によって、宗派が認識できることがあります。禅宗では、禅という字が用いられます。浄土宗では誉号、これは浄土宗第五祖の定慧上人が良誉と号したことから始まっています。なお、浄土系では阿号も使われます。日蓮宗では戒名のことを法号と呼びますが、日号（日蓮聖人の日）、女性ですと「南無妙法蓮華経」の妙とか法の字を多く用います。

浄土真宗には行《ぎょう》や戒律がないので、法名《ほうみょう》と呼びます。宗祖が釈親鸞と名のられたことにならって、釈尊の弟子という意味で、釈の字を冠して、釈◯◯という法名が授与されます。

# 鳴らし物

大きな鐘でも、撞木《しゅもく》で突かなくては音は出ません。太鼓も撥《ばち》で叩いてこそ、音が鳴ります。ご本尊に向かって合掌礼拝することは、撞木や撥で打つことです。世渡りという世間の雑事に追われて、大切な生死の問題を蔑《ないがし》ろにしている私たちは、鈴《りん》を打つことによって、それが仏さまの胸に響き、お慈悲という音が伝わってくるのです。

仏具の代表は、木魚です。眼を閉じて眠らない魚のように、眠けを覚ますようにと、龍や魚の模様が彫られています。読経のときに撥《ばい》で叩きます。

他宗では木魚を使いますが、日蓮宗では読経や唱題のときに、リズミカルに拍子をとるために木鉦《もくしょう》を打ちます。材質は楓や欅などで、高い音がします。

威勢のよい団扇太鼓も独自の仏具で、お会式《えしき》（十月十三日、日蓮聖人が入滅された忌日に営む報恩慶讃の法会）の練り行列や、街頭で団扇太鼓を打ち鳴らしながら、お題目を唱える寒修行の姿を見ることがありますが、これを撃鼓《ぎゃっく》唱題と言います。『法華経』

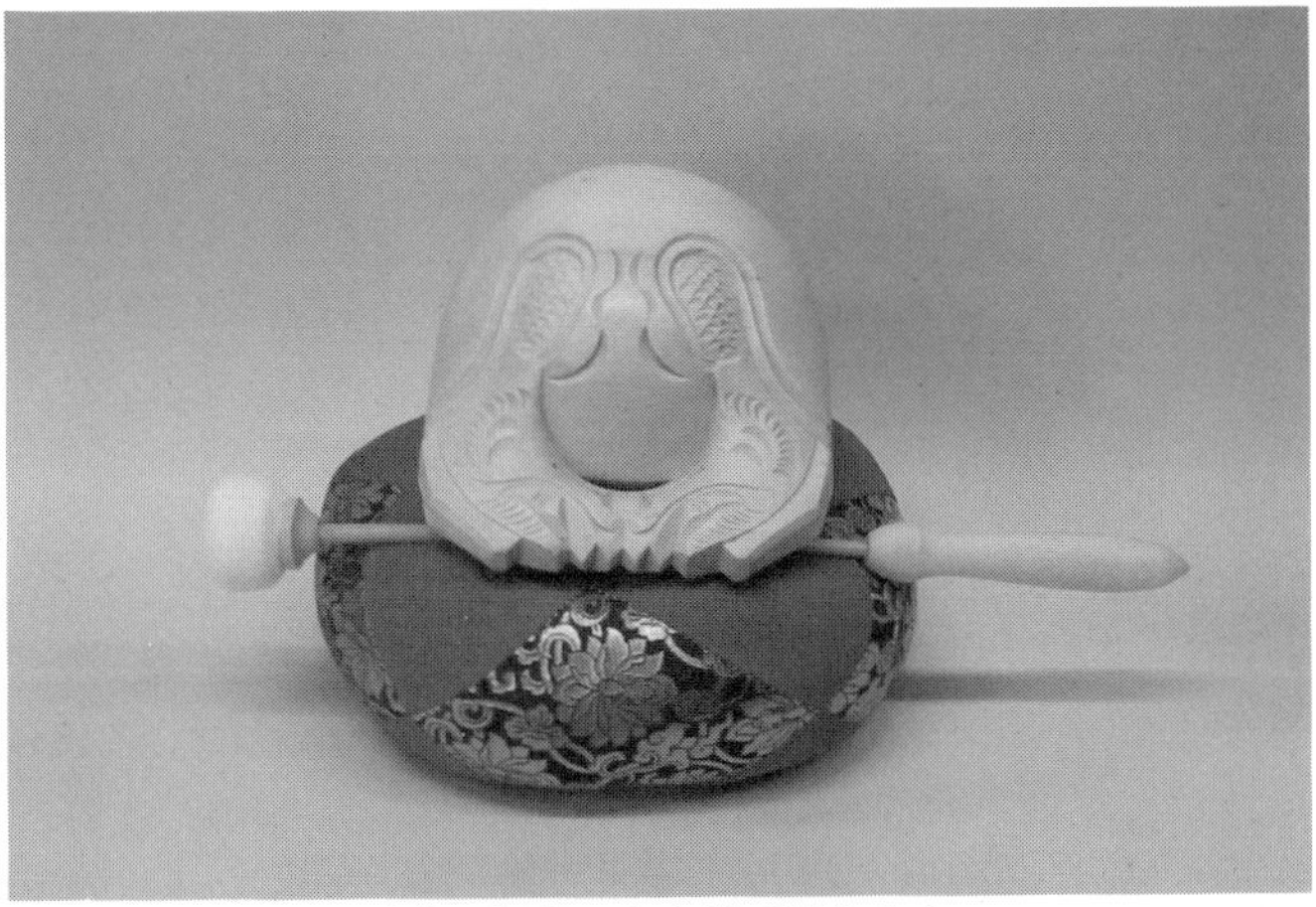

木魚　読経のとき撥で叩きます

木鉦　読経のとき拍子をとるのに使います

「提婆達多品」の「鼓を撃ちて四方に宣令して」という言葉に基づき、法を弘めるために太鼓の音を響かせて布教する方法をとっているのです。打ち方は、派によって異なります。

なお、浄土真宗では木魚は使いませんが、数人で読経するときに、拍子木のような節《せっ》柝《たく》を打つことがあります。

天台宗や真言宗では「九条錫杖」を読誦するときには錫杖《しゃくじょう》を鳴らしますし、密教系の寺院では祈禱のとき、大太鼓をドンドンドコドコと打ちながら『般若心経』を読誦します。

仏具で馴染みのあるのは、各家庭の仏壇の前でチーンと鳴らす小さな鈴《りん》＝磬《きん》です。金属製で、布団の上に置かれていて、読経のときに撥で叩いて鳴らします。墓地での読経のときに用いる携帯用は、引磬《いんきん》（手磬《しゅきん》）と呼ばれています。

普通は「リン」と言いますが、宗派によって名称が異なり、天台宗や浄土真宗では磬《きん》、浄土宗では小磬《しょうきん》、日蓮宗などでは鈴《りん》と呼びます。他にも、鐘《かね》と呼んだりします。それを叩くものを鈴棒、あるいは撥《ばい》と呼びます。鈴の叩き方は、お経を始めるときに二打、

鈴　鈴棒は鈴の中に入れてしまいます

終るときに三打など、宗派によって回数が違います。なお、鈴は読経のために鳴らすもので、合掌礼拝や焼香のときに鳴らす必要はありません。

禅宗の寺院では、起床の時刻を知らせるために鳴らす振鈴《しんれい》をはじめ、食事の時刻を知らせるとき、庫裏に掛けている雲版《うんぱん》（青銅か鉄製）や梆《ほう》（龍頭魚身の形をしているため、魚鼓とも呼ばれる）を木の槌で打ち鳴らします。また、坐禅のときには木版が打ち鳴らされます。

鳴らし物としては他に、葬儀や施餓鬼などの法要のときに、鐃《どら》（銅鑼）と鈸《ばち》（シンバル）が使われます。ジャランボンと鳴り、諸仏への楽の供養とされています。その打ち方は「鐃《どら》は切る、鈸《ばち》は合わせる」など、各宗、流派、儀式などによって使うときの心得があります。

# 最後に

どの宗派にも言えることですが、なかなか本山の指導のようには、現場は動いてくれません。仏壇も、地方によって祀り方が異なるのです。細かなことは菩提寺の住職さんに聞いてください。

檀家によっては、位牌を真中に据えて、ご本尊が隠れてしまっている仏壇があったり、宗派の御本尊とは違う仏さまを祀ったり、お地蔵さんや達磨さんの土産物を並べたり、お札・お守りなど、仏教に関係あるものだったら山盛《てんこも》り、なんでも拝むものを並べていたりします。宗旨によっては供えてはならないものがあるのですが、どうしても仏壇内には、故人の写真、好きだった酒や煙草などを供えたりするものです。むしろ、それが普通の家庭の仏壇かもしれません。ご本尊よりも、ご先祖のほうが優先してしまうのです。仏壇の鈴が独りでに鳴ることがあるという話も、仏壇をご先祖との連絡場所と考えているからでしょう。

大日如来　心にいつも仏さまの光を

お盆に帰省するということも、実家の仏壇にお参りすることであり、それはご先祖の位牌に挨拶し、お墓参りをすることなのです。

しかし、ご先祖への感謝と思慕の想い、ひいては万人の故里のようなもの、自分を含めて、生かされている生命の本源、それがご本尊へとつながっていきます。

仏さまとのご縁を結んで、心を養うことが、祖先を供養することにつながります。ご先祖や親兄弟の絆が、お仏壇によって結ばれるのです。お仏壇は、仏さまの加護によって生かされている喜びを味わう場です。

「行住坐臥にたもちたる南無阿弥陀仏の名号は、過ぎたる此身の本尊なり」、一遍上人の言葉です。南無阿弥陀仏に限らず、それぞれの仏壇のご本尊は誰のものでもない、みんな私のご本尊なのです。

お仏壇は、心の窓です。いくら広くて、立派な家具が並んだ部屋でも、窓がなければ光は射しません。地下室にいるようなものです。お仏壇の扉を開くことは、心の窓を開き、ご本尊さまの光を迎え入れることです。親たちやご先祖さま（亡き人々）と真心で語り合う懐かしい窓、心の故郷、それが「仏間の灯」です。どうか皆さま、心の窓に灯火を。

**【参考資料】**

『お仏壇の本』長谷川裕一著、チクマ秀版社
『神と共に生活せよ！』大法輪閣
『仏教べんり事典』大法輪閣編集部、大法輪閣

# あとがき

田中角栄氏が総理大臣であったとき、田中さんの母親は毎朝、お仏壇に向かって「角栄が皆さんに、どうぞ御迷惑をかけないように」と手を合わせていたそうです。決して家庭の仏壇は、仏さまを拝むだけの場ではないのです。遣る瀬ない人の心を受け止めるところなのです。そして、ほんとうの本尊は、拝む一人一人です。

お仏壇は、祈りを捧げる場ですから、心を集中していただきたいので、仏壇内はシンプルでありたいという思いから、おかざりのイラストも、最小限の仏具（本尊、位牌・過去帳、三具足）、供えるものは仏飯・水・盛物に絞りました。

また、明治・大正期に発行された説教本、映画監督の松林宗恵さん、天命庵の大徳寺昭輝さんのお話も参考にさせていただきました。有難うございます。

二〇〇二年八月

谷口幸璽

【筆者紹介】
谷口幸璽（たにぐち　こうじ）
1950年、札幌市に生まれる。龍谷大学文学部仏教学科を卒業後、仏教雑誌『大法輪』編集部に勤務。2000年に退社し、フリー。著書に『お地蔵さん出番ですよ！』（共著）日貿出版社、『「節談」はよみがえる―やはり説教は七五調』白馬社、『数珠のはなし』法藏館、他。

仏壇のはなし

2002年9月15日　第1刷
2004年11月10日　第2刷

著　者　©谷口幸璽

発行者　西村七兵衛

発行所　株式会社　法藏館
600-8153　京都市下京区正面通烏丸東
電話075-343-5656　振替01070-3-2743

ISBN 4-8318-6415-3　印刷・製本　リコーアート